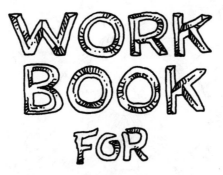

WORK BOOK FOR

HEBREW
THROUGH
PRAYER

דֶּרֶךְ תְּפִלָּה

2

Written by Roberta Osser Baum
Illustrated by Larry Nolte

Copyright © 1995
BEHRMAN HOUSE
235 Watchung Avenue
West Orange, New Jersey 07052
ISBN: 0-87441-605-1

אָבוֹת is the first blessing in the series of blessings which together are called the עֲמִידָה. The blessing אָבוֹת connects us with God and with all the generations of our people.

Below are words from אָבוֹת. Write each Hebrew word or phrase next to the correct English meaning. Then write the common letters for each group on the lines underneath each list. A writing chart at the back of this book shows the Hebrew letters in print and script.

חֲסָדִים טוֹבִים אַבְרָהָם אֱלֹהֵינוּ אֲבוֹתֵינוּ

אָבוֹת אֵל חַסְדֵי אָבוֹת אֱלֹהֵי

God ______________	fathers/ancestors ______________	acts of lovingkindness ________
God of ______________	our fathers/ancestors __________	faithfulness of the
Our God ______________	Abraham ______________	fathers/ancestors ____________

Common Letters:

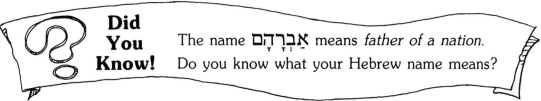

(___ ___) (___ ___) (___ ___ ___)

Did You Know!

The name אַבְרָהָם means *father of a nation.* Do you know what your Hebrew name means?

REMEMBER!

The vowel ◌ֳ always says AW.
The vowel ◌ָ says AW in כָּל and כָל.
The vowel ◌ָ says AW in word part קָדְ.

Rhythm Reading

Read each set of words. Be careful with your vowels!
Do you recognize the words we read in the blessing אָבוֹת?

1 אֵל אֱלֹהֵי אֱלֹהֵינוּ אַב אָבוֹת אֲבוֹתֵינוּ

2 חֶסֶד חַסְדֵי חֲסָדִים מֶלֶךְ מַלְאֲכֵי הַמְּלָכִים

3 בְּאַהֲבָה וְאָהַבְתָּ אֲהַבְתָּנוּ בְּנֵי לִבְנֵי בְּנֵיהֶם

4 קָדְשׁוֹ כָּל קִדּוּשׁ קוֹל קֹדֶשׁ קָדְשְׁךָ

5 בְּכָל קְדוּשָּׁה קִדַּשְׁתָּ וּבְכָל הַקּוֹל וְצָהֳרַיִם

Verses from Torah

We learn about the lives of our Patriarchs in the Torah. Read each verse from the Torah. Using your knowledge of Hebrew vocabulary, match the Hebrew verses with their English meanings.

1   וְלֹא־יִקָּרֵא עוֹד אֶת־שִׁמְךָ אַבְרָם וְהָיָה שִׁמְךָ אַבְרָהָם. (Genesis 17:5)

2   וְאַבְרָהָם בֶּן־מְאַת שָׁנָה בְּהִוָּלֶד לוֹ אֵת יִצְחָק בְּנוֹ. (Genesis 21:5)

3   וְהָאֱלֹהִים נִסָּה אֶת־אַבְרָהָם וַיֹּאמֶר אֵלָיו אַבְרָהָם וַיֹּאמֶר הִנֵּנִי. (Genesis 22:1)

4   וַיִּקְרָא יִצְחָק אֶל־יַעֲקֹב וַיְבָרֶךְ אֹתוֹ. (Genesis 28:1)

5   וַיֹּאמֶר לֹא יַעֲקֹב יֵאָמֵר עוֹד שִׁמְךָ כִּי אִם־יִשְׂרָאֵל. (Genesis 32:29)

1   Isaac called Jacob and blessed him. (Genesis ____ : ____)
2   Abram's name was changed to Abraham. (Genesis ____ : ____)
3   Abraham was 100 years old when his son Isaac was born. (Genesis ____ : ____)
4   Jacob's name was now to be called Israel. (Genesis ____ : ____)
5   God said "Abraham" and he said "Here I am." (Genesis ____ : ____)

4

HOLIDAY KNOW~HOW

Write the English meanings of these familiar holiday words.

בְּרָכָה
_____

שִׂמְחַת תּוֹרָה
_____

חֲנֻכִּיָּה
_____

חַלָּה
_____

פֶּסַח
_____

Siddur Phrases

Find and read each word built on the root (ז כ ר). Read each complete phrase.

1 זִכָּרוֹן לְמַעֲשֵׂה בְרֵאשִׁית

2 זֵכֶר רַב טוּבְךָ יַבִּיעוּ

3 וּזְכַרְתֶּם אֶת־כָּל־מִצְוֹת יְיָ

4 זֵכֶר לִיצִיאַת מִצְרָיִם

5 זִכְרוּ נִפְלְאֹתָיו אֲשֶׁר־עָשָׂה

5

Letter Tree

Each of these letters ח כ ך makes the same sound.
Each word below contains one of these letters.
Practice reading them.

1 חֲסָדִים חֲזַק אֲנַחְנוּ יִצְחָק רָחֵל שֶׁהֶחֱיָנוּ

2 כָּמֹכָה זוֹכֵר מַלְאֲכֵי בְּרָכָה כַּאדוֹנֵינוּ בְּתוֹכֵנוּ

3 פָּנֶיךָ עֵינֶיךָ בִּשְׁלוֹמֶךָ יִמְלֹךְ בַּדֶּרֶךְ הַמְבֹרָךְ

RECOGNIZING THE ROOT

The root (ז כ ר) means *memory*. In אָבוֹת we ask God to *recall the faithfulness of our ancestors*: זוֹכֵר חַסְדֵי אָבוֹת. Read each word built on the root (ז כ ר).

1 זִכָּרוֹן זֵכֶר זוֹכֵר זָכְרֵנוּ זִכְרוֹנוֹת

2 זִכְרוֹנֵנוּ לִזְכֹּר אֶזְכֹּר וְזָכַרְתִּי זָכוֹר

A High Holiday Prayer
אָבִינוּ מַלְכֵּנוּ

The prayer אָבִינוּ מַלְכֵּנוּ is chanted on רֹאשׁ הַשָּׁנָה and on יוֹם כִּפּוּר. This prayer talks about two aspects of our relationship with God. God is our Parent, אָבִינוּ, who loves and comforts us. God is our Ruler, מַלְכֵּנוּ, who guides us with the Torah. We offer our prayer not as individuals, but as a congregation. Therefore, the suffix נוּ appears many times in the prayer. How many words can you find ending with נוּ?

Here are selected verses from אָבִינוּ מַלְכֵּנוּ. Practice reading them. You will recognize many words because you know the roots.

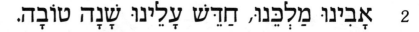

1   אָבִינוּ מַלְכֵּנוּ, חָטָאנוּ לְפָנֶיךָ.

2   אָבִינוּ מַלְכֵּנוּ, חַדֵּשׁ עָלֵינוּ שָׁנָה טוֹבָה.

3   אָבִינוּ מַלְכֵּנוּ, סְלַח וּמְחַל לְכָל־עֲוֹנוֹתֵינוּ.

4   אָבִינוּ מַלְכֵּנוּ, הַחֲזִירֵנוּ בִּתְשׁוּבָה שְׁלֵמָה לְפָנֶיךָ.

5   אָבִינוּ מַלְכֵּנוּ, כָּתְבֵנוּ בְּסֵפֶר חַיִּים טוֹבִים.

6   אָבִינוּ מַלְכֵּנוּ, כָּתְבֵנוּ בְּסֵפֶר גְּאֻלָּה וִישׁוּעָה.

7   אָבִינוּ מַלְכֵּנוּ, כָּתְבֵנוּ בְּסֵפֶר סְלִיחָה וּמְחִילָה.

8   אָבִינוּ מַלְכֵּנוּ, שְׁמַע קוֹלֵנוּ.

9   אָבִינוּ מַלְכֵּנוּ, קַבֵּל בְּרַחֲמִים וּבְרָצוֹן אֶת־תְּפִלָּתֵנוּ.

10   אָבִינוּ מַלְכֵּנוּ, חָנֵּנוּ וַעֲנֵנוּ, כִּי אֵין בָּנוּ מַעֲשִׂים,

11   עֲשֵׂה עִמָּנוּ צְדָקָה וָחֶסֶד וְהוֹשִׁיעֵנוּ.

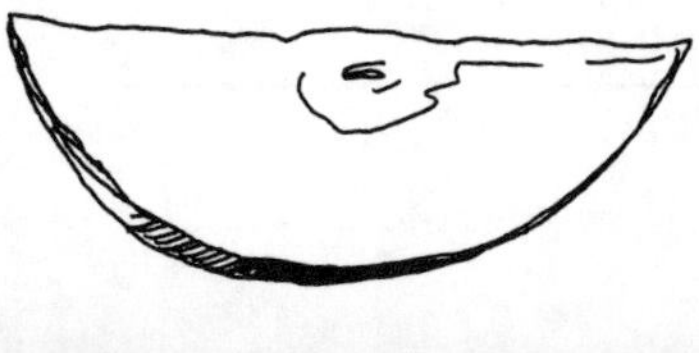

אָבוֹת/אִמָּהוֹת

The term אָבוֹת, often translated as *ancestors*, is often understood to include not only our Patriarchs (אָבוֹת): Abraham (אַבְרָהָם), Isaac (יִצְחָק), and Jacob (יַעֲקֹב), but also our Matriarchs (אִמָּהוֹת): Sarah (שָׂרָה), Rebecca (רִבְקָה), Leah (לֵאָה), and Rachel (רָחֵל). Many synagogues include the names of the Matriarchs when reciting the אָבוֹת blessing. Below is a sentence from אָבוֹת. Write the English meaning below each Hebrew word. Can you read the sentence fluently?

God   and the awesome   the great   the God   supreme   the mighty

הָאֵל   הַגָּדוֹל   הַגִּבּוֹר   וְהַנּוֹרָא   אֵל   עֶלְיוֹן.

______   ______   ______   ______   ______   ______

Letter Tree

The Hebrew letters ס and ם look alike.
BUT: the letter ס is round on the bottom; the letter ם has corners on the bottom.
The Hebrew letters ס and ם do not sound alike.
The letter ס says ______ . The letter ם says ______ .
Which letter is found only at the *end* of a word? ______
Which letter can be found at the *beginning*, the *middle* or the *end* of a word? ______

LETTERS Into WORDS

1 בְּטֶרֶם חוּס חֲסָדִים הָעַמִּים סֶלָה

2 כּוּסִי אַבְרָהָם וְנִסְכָּה טוֹבִים תָּסִיר

3 וּמָנוֹס רַחֵם סָרַרְנוּ חַסְדֵי מוֹדִים

WORDS Into PHRASES

Each phrase contains words with ס or ם . Find and read each word in the phrases below. Then read the complete phrase.

1 מָגֵן אַבְרָהָם וְעֶזְרַת שָׂרָה

2 כִּי הוּא אֵל זָן וּמְפַרְנֵס לַכֹּל וּמֵטִיב לַכֹּל

3 גּוֹמֵל חֲסָדִים טוֹבִים

4 אֱמֶת מַלְכֵּנוּ אֶפֶס זוּלָתוֹ

5 וְזוֹכֵר חַסְדֵי אָבוֹת וְאִמָּהוֹת

6 וּמֵבִיא גְּאֻלָּה לִבְנֵי בְנֵיהֶם

7 וְרַחֲמִים וְחַיִּים וְשָׁלוֹם

Do you recognize the 4 phrases we read in אָבוֹת/אִמָּהוֹת? # ___ , # ___ , # ___ , # ___

Verses from Torah

We learn about the lives of our Matriarchs in the Torah. Read each verse from the Torah. Using your knowledge of Hebrew vocabulary, match the Hebrew verses with their English meanings.

1 וַתֵּלֶד שָׂרָה לְאַבְרָהָם בֵּן לִזְקֻנָיו. (Genesis 21:2)

2 וַתִּשָּׂא רִבְקָה אֶת־עֵינֶיהָ וַתֵּרֶא אֶת־יִצְחָק. (Genesis 24:64)

3 וּלְלָבָן שְׁתֵּי בָנוֹת שֵׁם הַגְּדֹלָה לֵאָה וְשֵׁם הַקְּטַנָּה רָחֵל. (Genesis 29:16)

4 וַיֶּאֱהַב יַעֲקֹב אֶת־רָחֵל. (Genesis 29:18)

5 וַיִּשְׁלַח יַעֲקֹב וַיִּקְרָא לְרָחֵל וּלְלֵאָה הַשָּׂדֶה אֶל־צֹאנוֹ. (Genesis 31:4)

1 Rebecca lifted her eyes and saw Isaac. (Genesis ___ : ___)
2 Jacob loved Rachel. (Genesis ___ : ___)
3 And Sarah bore Abraham a son in his old age. (Genesis ___ : ___)
4 Jacob called Rachel and Leah to his flock in the field. (Genesis ___ : ___)
5 Now Laban had two daughters: the name of the older was Leah and the name of the younger was Rachel. (Genesis ___ : ___)

FROM אָבוֹת

Read this Hebrew sentence from אָבוֹת. Write the English meaning below each Hebrew word. (Remember: The prefix וּ means *and*.)

מֶלֶךְ   עוֹזֵר   וּמוֹשִׁיעַ   וּמָגֵן.

_____   _____   _____   _____

Reading Rule
ENDING SOUNDS

The vowels וּ and וֹ are sometimes followed by a YUD (י) at the **end** of a word.

The י changes the sound of וּ to OOY (אוּי).

The י changes the sound of וֹ to OY (אוֹי).

REMEMBER! The vowel sounds אָ and אַ followed by a י at the **end** of a word say EYE (אָי אַי).

Reading Practice

Read each word.
Be careful of your ending sounds!

סִינַי גּוֹי אֲדֹנָי גָּלוּי שְׂפָתַי כְּרָאוּי אֲזַי

Read each phrase. Pronounce your ending sounds carefully!

1 בְּעָמְדוֹ לְפָנֶיךָ עַל הַר סִינָי
2 קָרְבַּן מוּסַף שַׁבָּת כָּרָאוּי
3 וְלֹא־יִשָּׂא גוֹי אֶל־גּוֹי חֶרֶב
4 אֲזַי מֶלֶךְ שְׁמוֹ נִקְרָא
5 גָּלוּי וְיָדוּעַ לִפְנֵי כִסֵּא כְבוֹדֶךָ
6 אֲדֹנָי שְׂפָתַי תִּפְתָּח

Did You Know! Our first Matriarch was originally known as שָׂרַי. God changed her name to שָׂרָה (Genesis 17:15).

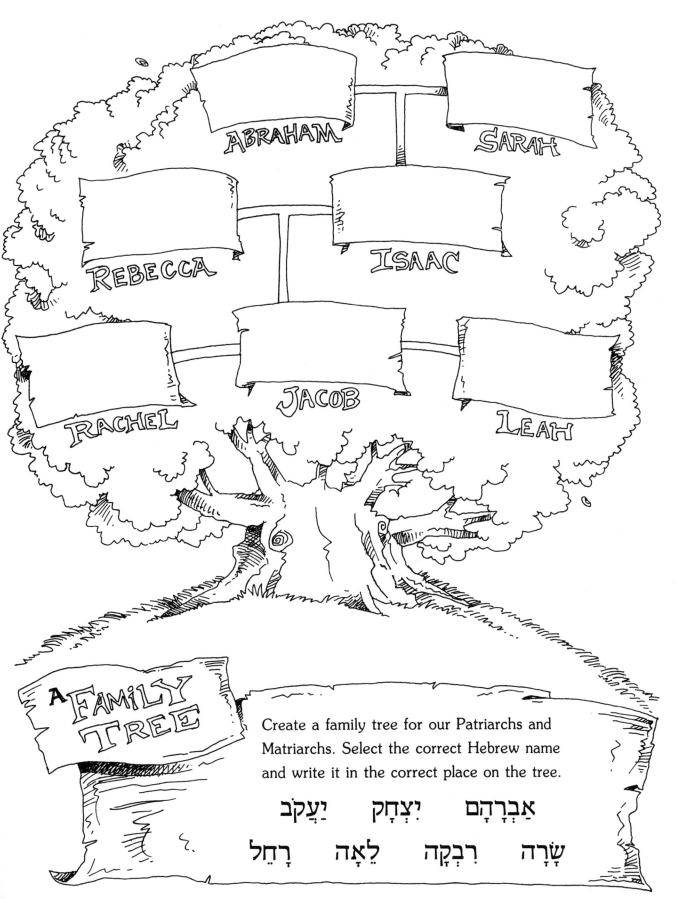

A FAMILY TREE

Create a family tree for our Patriarchs and Matriarchs. Select the correct Hebrew name and write it in the correct place on the tree.

אַבְרָהָם יִצְחָק יַעֲקֹב

שָׂרָה רִבְקָה לֵאָה רָחֵל

The Final Blessing
בִּרְכַּת שָׁלוֹם

A Prayer for Peace

The first three בְּרָכוֹת of the עֲמִידָה and the last three בְּרָכוֹת of the עֲמִידָה are always the same. You have learned the first בְּרָכָה, traditionally called אָבוֹת. The final בְּרָכָה is a prayer for peace: בִּרְכַּת שָׁלוֹם. On Friday Evening this concluding בְּרָכָה is known as שָׁלוֹם רָב.

Practice reading שָׁלוֹם רָב.

Can you find the 3 words built on the root meaning *bless* (ב ר כ)?

Can you find the 4 words built on the root meaning *peace* (ש ל מ)?

1 שָׁלוֹם רָב עַל יִשְׂרָאֵל עַמְּךָ וְעַל כָּל־יוֹשְׁבֵי תֵבֵל

2 תָּשִׂים לְעוֹלָם. כִּי אַתָּה הוּא מֶלֶךְ אָדוֹן לְכָל־הַשָּׁלוֹם.

3 וְטוֹב בְּעֵינֶיךָ לְבָרֵךְ אֶת־עַמְּךָ יִשְׂרָאֵל בְּכָל־עֵת וּבְכָל־

4 שָׁעָה בִּשְׁלוֹמֶךָ. בָּרוּךְ אַתָּה יְיָ הַמְבָרֵךְ אֶת־עַמּוֹ יִשְׂרָאֵל

5 בַּשָּׁלוֹם.

A PRAYER for PEACE

Lesson 3

עֹשֶׂה שָׁלוֹם

A prayer for peace – שָׁלוֹם – has always been an important prayer for the Jewish people. The word שָׁלוֹם is built on the same root as the Hebrew word meaning whole – שָׁלֵם. We pray for the time when the world will be whole, will be at peace, will be one with God.

Below is the prayer עֹשֶׂה שָׁלוֹם. The prayer is recited immediately after the עֲמִידָה. It is recited during other parts of the service as well.
Write the English words below each Hebrew word. Begin on the right.

will make   and say   all   Amen   (God who) makes
for us   Israel   peace   and for   peace

עֹשֶׂה שָׁלוֹם בִּמְרוֹמָיו, הוּא יַעֲשֶׂה שָׁלוֹם עָלֵינוּ,

_______ _______ _______ God, in the heavens _______ _______

וְעַל כָּל יִשְׂרָאֵל. וְאִמְרוּ, אָמֵן.

_______ _______ _______ _______ _______

Think About It! Why do we sing the prayer עֹשֶׂה שָׁלוֹם so often during a service?

VOWEL KNOW HOW

You know that the vowel sounds אָ and אַ followed by a י at the end of a word say EYE (אֲבוֹתַי, אֲדוֹנָי).
When the letter Vav (ו) follows אָי at the end of a word (אָיו), the ending says AHV.

TONGUE TWISTERS

Can you read these combinations without twisting your tongue?

לָ לָי לָיו — דָ דָי דָיו

טָ טָי טָיו — שָׁ שָׁי שָׁיו

מָ מָי מָיו — שָׂ שָׂי שָׂיו

רָ רָי רָיו — נָ נָי נָיו

ENDINGS Into PHRASES

Read each phrase below.

1 עֹשֶׂה שָׁלוֹם בִּמְרוֹמָיו

2 אַשְׁרֵי הָעָם שֶׁיְיָ אֱלֹהָיו

3 וְהִשְׁתַּחֲווּ לַהֲדֹם רַגְלָיו

4 בּוֹנֵה בְרַחֲמָיו יְרוּשָׁלָיִם אָמֵן

5 לְהוֹדִיעַ לִבְנֵי הָאָדָם גְּבוּרֹתָיו

6 אֲשֶׁר קִדְּשָׁנוּ בְּמִצְוֹתָיו וְצִוָּנוּ

HEAD IN THE CLOUDS

עֹשֶׂה שָׁלוֹם בִּמְרוֹמָיו

God who makes peace in the heavens

On each cloud write how *we* can bring the peace of the heavens here to earth.

Family Letters

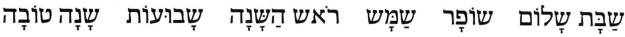

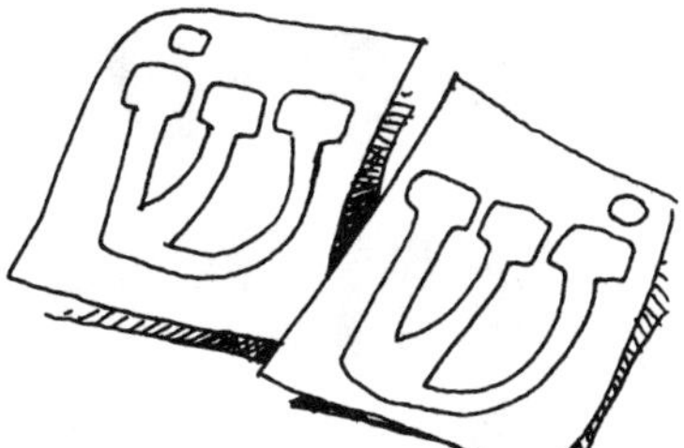

The family letters שׁ and שׂ appear in the phrase עֹשֶׂה שָׁלוֹם.
שׁ and שׂ are found in many important Hebrew words and phrases.
Add the needed dots to make the symbol ש say "SH" in each word and phrase.
Do you recognize each word?

שַבָּת שָלוֹם   שוֹפָר   שַמָּש   רֹאש הַשָּנָה   שָבוּעוֹת   שָנָה טוֹבָה

Add the needed dots to make the symbol ש say "S" in each word and phrase.
Do you recognize each word?

שִמְחַת תּוֹרָה   יִשְרָאֵל   שִמְחָה   שָרָה

The DAYS of the WEEK

These are the terms for the days of the week in Hebrew. Read each one.
Can you recite them by heart?
Which is the only day that does not have the letter שׁ?

Sunday	יוֹם רִאשׁוֹן
Monday	יוֹם שֵׁנִי
Tuesday	יוֹם שְׁלִישִׁי
Wednesday	יוֹם רְבִיעִי
Thursday	יוֹם חֲמִישִׁי
Friday	יוֹם שִׁשִּׁי
Shabbat	שַׁבָּת

Think About It!
What do you think the word יוֹם means?
Each word following יוֹם is a number (first day, second day...)
Why do we call the seventh day by a name instead of a number?

WORD BUILDING

Read each word-part.

Put the word-parts together and read each whole word.

שׁ

1 שָׁ לוֹם שָׁלוֹם

2 מָ שִׁיחַ מָשִׁיחַ

3 שֶׁ נָּ תַן שֶׁנָּתַן

4 הַשְּׁ בִיעִי הַשְּׁבִיעִי

5 מֵ אֲ שֶׁר מֵאֲשֶׁר

6 בִּקְ דֻ שָּׁתוֹ בִּקְדֻשָּׁתוֹ

7 וַ יִּשְׁ בֹּת וַיִּשְׁבֹּת

8 מִירוּ שָׁלָיִם מִירוּשָׁלָיִם

שׂ

9 שָׂ שׂוֹן שָׂשׂוֹן

10 יַ עֲ שֶׂה יַעֲשֶׂה

11 שַׂמְּ חֵנוּ שַׂמְּחֵנוּ

12 יִשְׂ בְּעוּ יִשְׂבְּעוּ

13 מְ שַׂ מֵּחַ מְשַׂמֵּחַ

14 יִשְׂ רָ אֵל יִשְׂרָאֵל

15 לְ שִׂמְ חָה לְשִׂמְחָה

16 וְ שַׂמְ תֶּם וְשַׂמְתֶּם

Siddur Phrases

Read each word with a שׁ or שׂ. Then read each set of phrases.

שׁ

1 כִּי בְּשֵׁם קָדְשְׁךָ נִשְׁבַּעְתָּ לוֹ

2 וְאֶת שַׁוְעָתָם יִשְׁמַע וְיוֹשִׁיעֵם

3 יֹאמְרוּ וְתִשְׁבָּחוֹת יַשְׁמִיעוּ

שׂ

4 בְּשִׂמְחָה וּבְשָׂשׂוֹן

5 שְׂמֵחִים בְּצֵאתָם וְשָׂשִׂים בְּבֹאָם

6 יְפֵה נוֹף מְשׂוֹשׂ כָּל־הָאָרֶץ

שׁ שׂ

7 יִשְׂרָאֵל בְּקָדֻשָּׁתוֹ

8 לְשׁוֹנִי מֵרָע וּשְׂפָתַי

9 הַקָּדֹשׁ בְּרַעַשׁ גָּדוֹל מִתְנַשְּׂאִים

from the TORAH

בְּרֵאשִׁית בָּרָא אֱלֹהִים אֵת הַשָּׁמַיִם וְאֵת הָאָרֶץ.

In the beginning God created the heaven and the earth.

(Genesis 1:1)

GOD'S NAME

We pronounce God's name יְיָ as אֲדוֹנָי. Sometimes God's name is spelled אֲדֹנָי.
This is how God's name looks when written with English letters: Adonai.
In the Torah, God's name, Adonai, looks like this: יהוה.
Sometimes vowels are added in a Siddur. Then Adonai looks like this יְהוָֹה.
REMEMBER: We do not pronounce the vowels!
In other Hebrew books God's name, Adonai, may be written like this: ה׳.
We are very careful about using God's name at all times. Books that contain God's name are treated with special care.

from the Siddur

Find God's name in each sentence. Pronounce God's
name correctly and then read the complete sentence
aloud.

שְׁמַע יִשְׂרָאֵל יהוה אֱלֹהֵינוּ יהוה אֶחָד   1

אֲדֹנָי שְׂפָתַי תִּפְתָּח וּפִי יַגִּיד תְּהִלָּתֶךָ   2

וְאָהַבְתָּ אֵת יהוה אֱלֹהֶיךָ   3

בָּרוּךְ אַתָּה יְיָ מָגֵן אַבְרָהָם וְעֶזְרַת שָׂרָה   4

אַתָּה גִבּוֹר לְעוֹלָם אֲדֹנָי   5

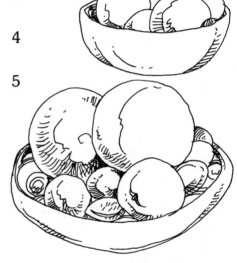

שַׁדַּי

God's name שַׁדַּי, *Almighty*, is found on
the front of a מְזוּזָה.
Sometimes only the letter שׁ,
representing God's name שַׁדַּי, is on the
מְזוּזָה. Some people interpret the three
letters which make up God's name שַׁדַּי
to be initials for the phrase

שׁוֹמֵר דַּלְתוֹת יִשְׂרָאֵל

Guardian of the doors of Israel

Reading Rule
DOUBLE DOTS

Sometimes the שׁ and שׂ look like this שֹ.

One dot identifies the letter שׁ or שׂ and one dot creates the vowel "O."

The symbol שֹׁ says "SHO" at the **beginning** of a word. The dot on the *left* is the vowel "O." Read each word correctly: שֹׁבֵר   שֹׁכֵן .

The symbol שֹׂ says "OS" in the **middle** of a word. The dot on the *right* is the vowel "O."

Read each word correctly: עֹשֶׂה   נֹשֵׂא .

Siddur Phrases

Read each word with double dots.

If the double dots say "SHO", write "SHO" on the line next to the number.

If the double dots say "OS," write "OS" on the line next to the number.

Read each complete phrase aloud.

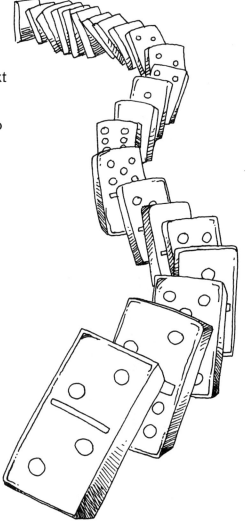

1 —— לִפְנֵי יְיָ עֹשִׂי

2 —— נוֹרָא תְהִלֹּת, עֹשֵׂה פֶלֶא

3 —— וְהָיוּ לִמְשִׁסָּה שֹׁאסָיִךְ

4 —— בֹּא יָבֹא בְרִנָּה נֹשֵׂא
אֲלֻמֹּתָיו

5 —— קוֹל יְיָ שֹׁבֵר אֲרָזִים

6 —— עֹשֶׂה שָׁלוֹם בִּמְרוֹמָיו

SHOOTING STARS

Help the stars make their way across the sky. Each star needs a number.

Match the English words with the Hebrew words in the stars by writing the number of each English word in the matching Hebrew star.

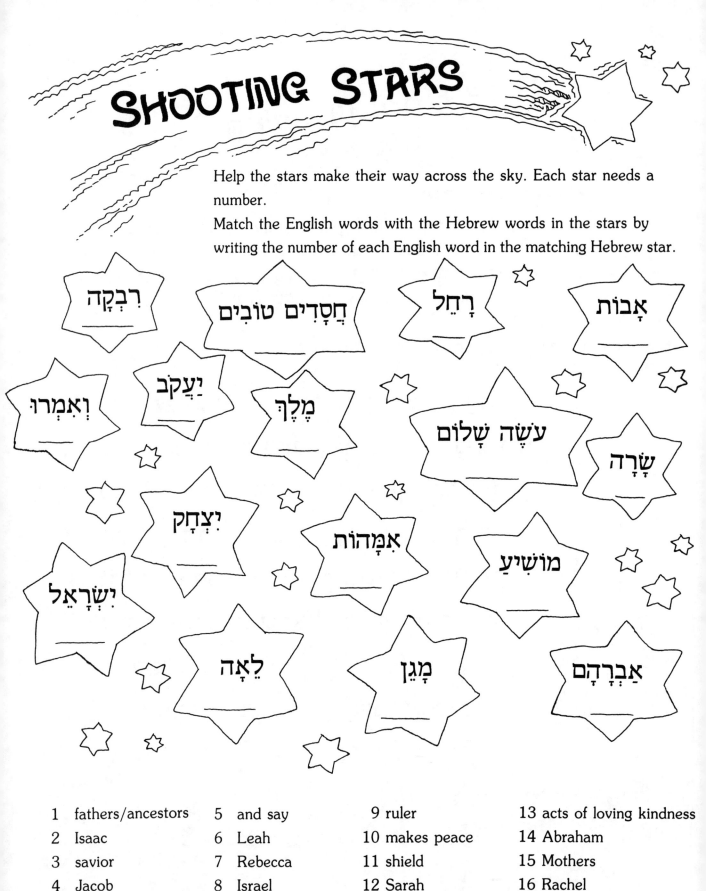

רִבְקָה ____

חֲסָדִים טוֹבִים ____

רָחֵל ____

אָבוֹת ____

וְאִמְרוּ ____

יַעֲקֹב ____

מֶלֶךְ ____

עֹשֶׂה שָׁלוֹם ____

שָׂרָה ____

יִצְחָק ____

אִמָּהוֹת ____

מוֹשִׁיעַ ____

יִשְׂרָאֵל ____

לֵאָה ____

מָגֵן ____

אַבְרָהָם ____

1 fathers/ancestors	5 and say	9 ruler	13 acts of loving kindness
2 Isaac	6 Leah	10 makes peace	14 Abraham
3 savior	7 Rebecca	11 shield	15 Mothers
4 Jacob	8 Israel	12 Sarah	16 Rachel

The Final Blessing
בִּרְכַּת שָׁלוֹם

A Prayer for Peace

You know that the first three בְּרָכוֹת of the עֲמִידָה and the last three בְּרָכוֹת of the עֲמִידָה are always the same. You have learned בִּרְכַּת שָׁלוֹם – the prayer for peace – which concludes the seven בְּרָכוֹת of the עֲמִידָה on Friday night: שָׁלוֹם רָב. On Shabbat morning the concluding prayer for peace is שִׂים שָׁלוֹם.

Practice reading the בְּרָכָה for Shabbat morning.

Find and read the words built on the following roots:

(ברכ) (שלמ) (חסד) (אב) (אהב)

שִׂים שָׁלוֹם, טוֹבָה וּבְרָכָה, חֵן וָחֶסֶד וְרַחֲמִים
עָלֵינוּ וְעַל כָּל־יִשְׂרָאֵל עַמֶּךָ. בָּרְכֵנוּ אָבִינוּ כֻּלָּנוּ
כְּאֶחָד בְּאוֹר פָּנֶיךָ, כִּי בְאוֹר פָּנֶיךָ נָתַתָּ לָּנוּ, יְיָ
אֱלֹהֵינוּ, תּוֹרַת חַיִּים וְאַהֲבַת חֶסֶד, וּצְדָקָה
וּבְרָכָה וְרַחֲמִים וְחַיִּים וְשָׁלוֹם. וְטוֹב בְּעֵינֶיךָ
לְבָרֵךְ אֶת־עַמְּךָ יִשְׂרָאֵל בְּכָל־עֵת וּבְכָל־שָׁעָה
בִּשְׁלוֹמֶךָ.
בָּרוּךְ אַתָּה יְיָ, הַמְבָרֵךְ אֶת־עַמּוֹ יִשְׂרָאֵל
בַּשָּׁלוֹם.

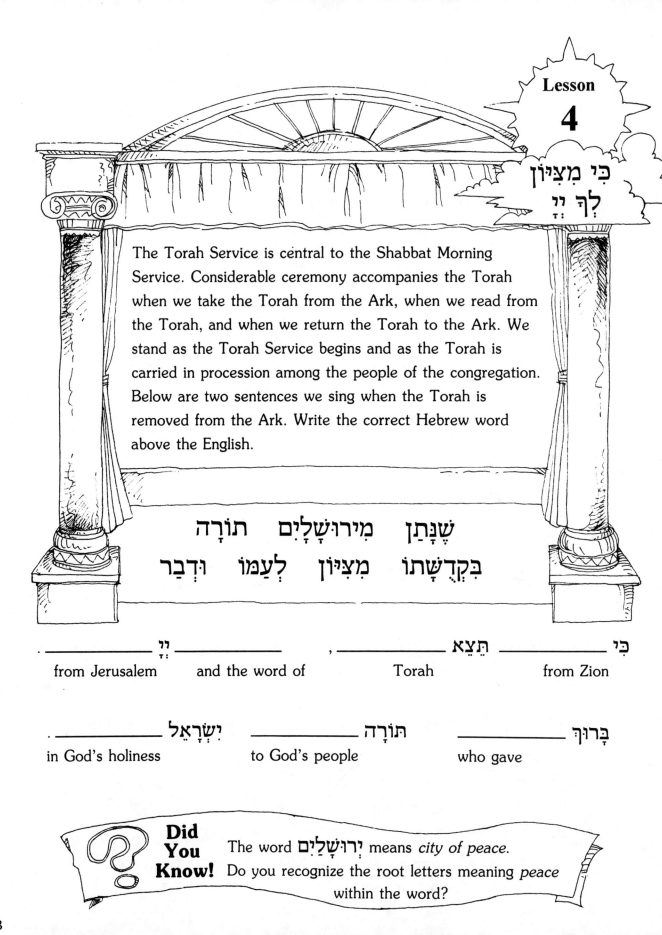

כִּי מִצִּיּוֹן
לְךָ יְיָ

The Torah Service is central to the Shabbat Morning Service. Considerable ceremony accompanies the Torah when we take the Torah from the Ark, when we read from the Torah, and when we return the Torah to the Ark. We stand as the Torah Service begins and as the Torah is carried in procession among the people of the congregation. Below are two sentences we sing when the Torah is removed from the Ark. Write the correct Hebrew word above the English.

שֶׁנָּתַן   מִירוּשָׁלָיִם   תּוֹרָה

בִּקְדֻשָּׁתוֹ   מִצִּיּוֹן   לְעַמּוֹ   וּדְבַר

כִּי ______________ תֵּצֵא ______________ , ______________ יְיָ ______________ .

from Zion — Torah — and the word of — from Jerusalem

בָּרוּךְ ______________ תּוֹרָה ______________ יִשְׂרָאֵל ______________ .

who gave — to God's people — in God's holiness

Did You Know! The word יְרוּשָׁלַיִם means *city of peace*. Do you recognize the root letters meaning *peace* within the word?

Letter Tree

The Hebrew alphabet has sets of sound-alike letters. Write the common sound on the line below each set of sound-alike letters.

כּ ק	ב ו	תּ ת ט	ח כ ך	שׂ ס
______	______	______	______	______

What letter in the Hebrew alphabet is like **א** and **ע** when it comes at the end of a word and does *not* have a vowel? ____________

Each of these sets of words contains sound-alike letters.

Read each set aloud.

1 כֵּאלֹהֵינוּ בִּקְדֻשָּׁתוֹ וְקוֹנֵה כָּמֹכָה כְּמִשְׁפְּחוֹת

2 נָטַע שֶׁנָּתַן תּוֹרָתֵנוּ בְּטֶרֶם טַלִּית

3 וְחַיֵּי דְּרָכֶיהָ הַמַּמְלָכָה חֶסֶד הָרַחֲמָן

4 בִּנְסֹעַ יִשְׂרָאֵל חֲסָדִים מַעֲשֶׂיךָ לַעֲסֹק

5 בִּמְרוֹמָיו טוֹבִים וּבָאָרֶץ חֲסִידָיו בְּרֵאשִׁית

Do you recognize words in lines 1-5 which we sing when we take the Torah from the Ark?

RECOGNIZING THE ROOT

Many words in the Siddur are built on the root (ק ד ש) meaning *holy* or *sanctify*.

Rhythm Reading

Carefully read aloud these sets of words built on the root (ק ד ש).

1
קָדוֹשׁ קֹדֶשׁ
קָדְשׁוֹ קָדְשְׁךָ

2
קְדֻשָׁה קְדוּשַׁת
קִדַּשְׁתָּ קָדְשֶׁךָ

3
מִקְדָּשׁ נְקַדֵּשׁ
מְקַדְּשֵׁי נַקְדִּישׁ

4
בִּקְדֻשָּׁתוֹ
וּקְדוֹשִׁים
שֶׁמְּקַדְּשִׁים

Holy Places~Holy Objects~Holy Time

Write the letters (קדש) in the blank spaces. Match each phrase or word with the picture that belongs to it. Write the number of the phrase in the circle under each picture.

1 Holy Ark — אָרוֹן ___ ___ ___

2 holy land — אֶרֶץ הַ___ ___ ___

3 holy city — עִיר הַ___ ___ ___

4 holy language — לָשׁוֹן הַ___ ___ ___

5 Holy Temple — בֵּית הַמִּ___ ___ ___

6 Kiddush — ___ ___ ___וּ

Think About It! Why is each one considered holy?

1 אֲשֶׁר קִדְּשָׁנוּ בְּמִצְוֹתָיו וְרָצָה בָנוּ

2 וְשַׁבַּת קָדְשׁוֹ בְּאַהֲבָה וּבְרָצוֹן הִנְחִילָנוּ

3 כִּי הוּא יוֹם תְּחִלָּה לְמִקְרָאֵי־קֹדֶשׁ

4 כִּי בָנוּ בָחַרְתָּ וְאוֹתָנוּ קִדַּשְׁתָּ מִכָּל־הָעַמִּים

5 וְשַׁבַּת קָדְשְׁךָ בְּאַהֲבָה וּבְרָצוֹן הִנְחַלְתָּנוּ

6 בָּרוּךְ אַתָּה יְיָ מְקַדֵּשׁ הַשַּׁבָּת

Selections from the קִדּוּשׁ

The term קִדּוּשׁ means *sanctification* or *making holy*. Reciting the קִדּוּשׁ helps to make Shabbat holy.

The phrases above are selections from the קִדּוּשׁ.

Circle the word in each phrase built on the root (ק ד ש).

Read each circled word aloud.

Read each phrase aloud.

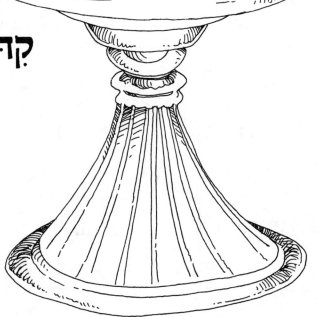

The Prefix וְ וּ וַ - AND

In the Hebrew language the word-part וּ or וְ or וַ each mean *and*. The prefix *and* is attached to the beginning of a word (וְאִמְרוּ אָמֵן – *and* say Amen). Sometimes the prefix has the vowel וָ or וִ.

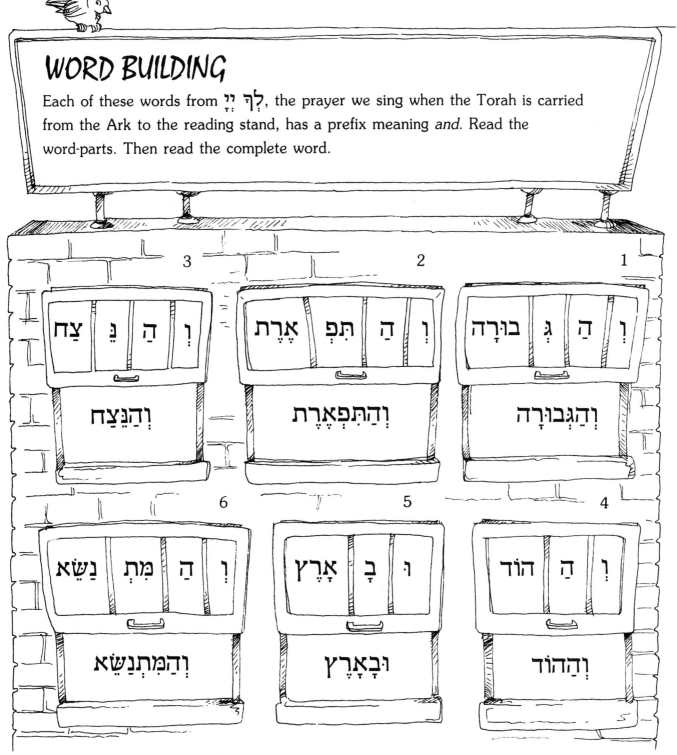

WORD BUILDING

Each of these words from לְךָ יְיָ, the prayer we sing when the Torah is carried from the Ark to the reading stand, has a prefix meaning *and*. Read the word-parts. Then read the complete word.

1
וְ הַ גְּ בוּרָה
וְהַגְּבוּרָה
2
וְ הַ תִּפְ אֶרֶת
וְהַתִּפְאֶרֶת
3
וְ הַ נֵּ צַח
וְהַנֵּצַח
4
וְ הַ הוֹד
וְהַהוֹד
5
וּ בָ אָרֶץ
וּבָאָרֶץ
6
וְ הַ מִּתְ נַשֵּׂא
וְהַמִּתְנַשֵּׂא

The Haftarah Blessings
בִּרְכוֹת הַהַפְטָרָה

Following the Torah Reading on Shabbat morning, we read from Prophets. This reading is known as the Haftarah Reading. The word הַפְטָרָה means *conclusion*. The selection from Prophets is always related to the subject of the Torah Reading or to the time of year. We recite five בְּרָכוֹת when we chant the הַפְטָרָה.

The first בְּרָכָה is chanted before the Haftarah Reading. Following the Haftarah Reading, four other בְּרָכוֹת are chanted. Practice reading the first בְּרָכָה.

The First Blessing

We praise God for the teachings of the Prophets.

1 בָּרוּךְ אַתָּה יְיָ אֱלֹהֵינוּ מֶלֶךְ הָעוֹלָם, אֲשֶׁר בָּחַר

2 בִּנְבִיאִים טוֹבִים וְרָצָה בְדִבְרֵיהֶם הַנֶּאֱמָרִים

3 בֶּאֱמֶת. בָּרוּךְ אַתָּה יְיָ הַבּוֹחֵר בַּתּוֹרָה וּבְמֹשֶׁה

4 עַבְדּוֹ וּבְיִשְׂרָאֵל עַמּוֹ וּבִנְבִיאֵי הָאֱמֶת וָצֶדֶק.

Praised are You, Adonai our God, who has chosen the Torah, the servant Moses, the people Israel and the prophets of truth and righteousness.

Lesson 5

בִּרְכוֹת הַתּוֹרָה

On Shabbat the Torah portion is divided into seven parts known as עֲלִיּוֹת. A בְּרָכָה is recited before and after each part. The first בְּרָכָה praises God for choosing to give the Torah to the Jewish people. The second בְּרָכָה, recited after the Torah reading, praises God for the truth of Torah.

We recite the בָּרְכוּ to introduce the first Torah Blessing.

בָּרְכוּ אֶת יְיָ הַמְבֹרָךְ.

בָּרוּךְ יְיָ הַמְבֹרָךְ לְעוֹלָם וָעֶד.

The next part of the first Torah Blessing begins

בָּרוּךְ אַתָּה יְיָ אֱלֹהֵינוּ מֶלֶךְ הָעוֹלָם

Praised are You, Adonai our God, Ruler of the world

Complete the remaining sentences of the first Torah Blessing. Each English phrase is numbered in the correct order. Write the phrase number next to the matching Hebrew phrase. The first phrase has been numbered for you.

1 who chose us

2 from all the nations

3 and gave us

4 the Torah

5 Praised are You, Adonai

6 who gives the Torah

וְנָתַן לָנוּ ___

נוֹתֵן הַתּוֹרָה ___

אֲשֶׁר בָּחַר בָּנוּ 1

בָּרוּךְ אַתָּה יְיָ ___

אֶת־תּוֹרָתוֹ ___

מִכָּל־הָעַמִּים ___

The second Torah Blessing begins

בָּרוּךְ אַתָּה יְיָ אֱלֹהֵינוּ מֶלֶךְ הָעוֹלָם

Praised are You, Adonai our God, Ruler of the world

Complete the remaining sentences of the second Torah
Blessing. Each English phrase is numbered in the correct order.
Write the phrase number next to the matching Hebrew phrase.
The first phrase has been numbered for you.

1	who gave us	וְחַיֵּי עוֹלָם	___
2	the Torah of truth	נוֹתֵן הַתּוֹרָה	___
3	and eternal life	אֲשֶׁר נָתַן לָנוּ	1
4	implanted within us	נָטַע בְּתוֹכֵנוּ	___
5	Praised are You, Adonai	תּוֹרַת אֱמֶת	___
6	who gives the Torah	בָּרוּךְ אַתָּה יְיָ	___

Rhythm Reading

Read each set of words.
Do you recognize the words we read in
בִּרְכוֹת הַתּוֹרָה?

1 תּוֹרָתוֹ תּוֹרָתֵנוּ תּוֹרָתֶךָ
סֵדֶר סִדּוּר סִדְרָה

2 עַם עַמּוֹ הָעַמִּים
יִתְבָּרַךְ הַמְבֹרָךְ וּמְבָרְכִים

3 עֹשֶׂה יַעֲשֶׂה מַעֲשֶׂיךָ
תִּקְוָה הַתִּקְוָה תִּקְוָתֵנוּ

4 אָמֵן נֶאֱמָן מַאֲמִין
צַדִּיק צֶדֶק צְדָקָה

5 עוֹלָם לְעוֹלָם עוֹלָמִים
נָתַן נוֹתֵן שֶׁנָּתַתָּ

6 חַי חַיִּים וְחַיֵּי שָׁלוֹם
שְׁלֹמֹה יְרוּשָׁלַיִם

RECOGNIZING THE ROOT

The root (ב ר כ) means *bless* or *praise*.

The phrase בָּרוּךְ אַתָּה יְיָ – *Blessed are You, Adonai* or *Praised are You, Adonai* – indicates that the prayer is a blessing – a בְּרָכָה.

Both Torah Blessings conclude with the sentence:

בָּרוּךְ אַתָּה יְיָ נוֹתֵן הַתּוֹרָה.

Praised are You, Adonai, who gives us the Torah.

Think About It!   Why do we praise God for giving us the Torah?

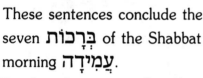

CONCLUDING SENTENCES

These sentences conclude the seven בְּרָכוֹת of the Shabbat morning עֲמִידָה.
Read each sentence fluently.

1   בָּרוּךְ אַתָּה יְיָ מָגֵן אַבְרָהָם.

2   בָּרוּךְ אַתָּה יְיָ מְחַיֵּה הַכֹּל/הַמֵּתִים.

3   בָּרוּךְ אַתָּה יְיָ הָאֵל הַקָּדוֹשׁ.

4   בָּרוּךְ אַתָּה יְיָ מְקַדֵּשׁ הַשַּׁבָּת.

5   בָּרוּךְ אַתָּה יְיָ הַמַּחֲזִיר שְׁכִינָתוֹ לְצִיּוֹן.

6   בָּרוּךְ אַתָּה יְיָ הַטּוֹב שִׁמְךָ וּלְךָ נָאֶה לְהוֹדוֹת.

7   בָּרוּךְ אַתָּה יְיָ הַמְבָרֵךְ אֶת־עַמּוֹ יִשְׂרָאֵל בַּשָּׁלוֹם.

Did You Know!
The term צִיּוֹן means *Zion*. צִיּוֹן is a name for one of the hills in יְרוּשָׁלַיִם.

The term צִיּוֹן is often used to represent the whole city of יְרוּשָׁלַיִם as well as the whole country of יִשְׂרָאֵל.

IN CONCLUSION

These are the concluding sentences in the five Haftarah Blessings – בִּרְכוֹת הַהַפְטָרָה. Read each one aloud. Look for words you know. Then write the Hebrew sentence number next to the correct English meaning. The first one has been numbered for you.

1 בָּרוּךְ אַתָּה יְיָ הַבּוֹחֵר בַּתּוֹרָה וּבְמֹשֶׁה
עַבְדּוֹ וּבְיִשְׂרָאֵל עַמּוֹ וּבִנְבִיאֵי הָאֱמֶת וָצֶדֶק.

2 בָּרוּךְ אַתָּה יְיָ הָאֵל הַנֶּאֱמָן בְּכָל־דְּבָרָיו.

3 בָּרוּךְ אַתָּה יְיָ מְשַׂמֵּחַ צִיּוֹן בְּבָנֶיהָ.

4 בָּרוּךְ אַתָּה יְיָ מָגֵן דָּוִד.

5 בָּרוּךְ אַתָּה יְיָ מְקַדֵּשׁ הַשַּׁבָּת.

____ Praised are You, Adonai, Shield of David.

____ Praised are You, Adonai, who makes Zion rejoice with her children.

____ Praised are You, Adonai, who sanctifies Shabbat.

____ Praised are You, Adonai, who is faithful in fulfilling all God's words.

__1__ Praised are You, Adonai, who has chosen the Torah, the servant Moses, the people Israel and the prophets of truth and righteousness.

The Haftarah Blessings
בִּרְכוֹת הַהַפְטָרָה

You have been introduced to the בְּרָכָה recited before the reading of the Haftarah. Four בְּרָכוֹת follow the reading of the Haftarah. The theme of the first בְּרָכָה which follows the Haftarah reading is faith in God's promises. The theme of the second בְּרָכָה which follows the Haftarah reading is the hope for the return of our people to Zion.

Following the Reading of the Haftarah
The First Blessing

1 בָּרוּךְ אַתָּה יְיָ אֱלֹהֵינוּ מֶלֶךְ הָעוֹלָם, צוּר כָּל־

2 הָעוֹלָמִים צַדִּיק בְּכָל־הַדּוֹרוֹת, הָאֵל הַנֶּאֱמָן

3 הָאוֹמֵר וְעוֹשֶׂה הַמְדַבֵּר וּמְקַיֵּם שֶׁכָּל־דְּבָרָיו אֱמֶת

4 וָצֶדֶק. נֶאֱמָן אַתָּה הוּא יְיָ אֱלֹהֵינוּ וְנֶאֱמָנִים

5 דְּבָרֶיךָ, וְדָבָר אֶחָד מִדְּבָרֶיךָ אָחוֹר לֹא יָשׁוּב

6 רֵיקָם, כִּי אֵל מֶלֶךְ נֶאֱמָן וְרַחֲמָן אָתָּה. בָּרוּךְ אַתָּה

7 יְיָ הָאֵל הַנֶּאֱמָן בְּכָל־דְּבָרָיו.

The Second Blessing

1 רַחֵם עַל צִיּוֹן כִּי הִיא בֵּית חַיֵּינוּ, וְלַעֲלוּבַת נֶפֶשׁ

2 תּוֹשִׁיעַ בִּמְהֵרָה בְיָמֵינוּ. בָּרוּךְ אַתָּה יְיָ מְשַׂמֵּחַ

3 צִיּוֹן בְּבָנֶיהָ.

עַל שְׁלשָׁה דְבָרִים
עֵץ חַיִּים הִיא
וְזֹאת הַתּוֹרָה

Through song and ceremony, we prepare to return the Torah to the Ark with a demonstration of our love and respect. We raise the Torah high so that all the congregation may see the words of the Torah.

When we raise the Torah, the congregation stands and sings the following prayer. Read the prayer in Hebrew. Then read the English translation. Select the correct English words and write them next to the Hebrew words on the list underneath the prayer.

וְזֹאת הַתּוֹרָה אֲשֶׁר־שָׂם מֹשֶׁה לִפְנֵי בְּנֵי יִשְׂרָאֵל עַל־פִּי יְיָ בְּיַד־מֹשֶׁה.

And this is the Torah that Moses placed before the people of Israel to fulfill the word of God through Moses.

מֹשֶׁה ____________ יִשְׂרָאֵל ____________

לִפְנֵי ____________ שָׂם ____________

וְזֹאת ____________ בְּנֵי ____________

Pathways to Peace

When we place the Torah in the Ark, the congregation stands and sings the prayer עֵץ חַיִּים הִיא – *It is a Tree of Life*. We recite these words about the Torah:

דְּרָכֶיהָ דַרְכֵי־נֹעַם, וְכָל־נְתִיבוֹתֶיהָ שָׁלוֹם
Its ways are ways of pleasantness and all its paths are peace.

Look at the סֵפֶר תּוֹרָה, *the Torah Scroll*, on this page. On the סֵפֶר תּוֹרָה is a pathway. Along the path are Hebrew words from the prayer עֵץ חַיִּים הִיא. Write the English meaning under each Hebrew word. The English meanings are found on the עֲצֵי חַיִּים, *the wooden rollers*, of the סֵפֶר תּוֹרָה.

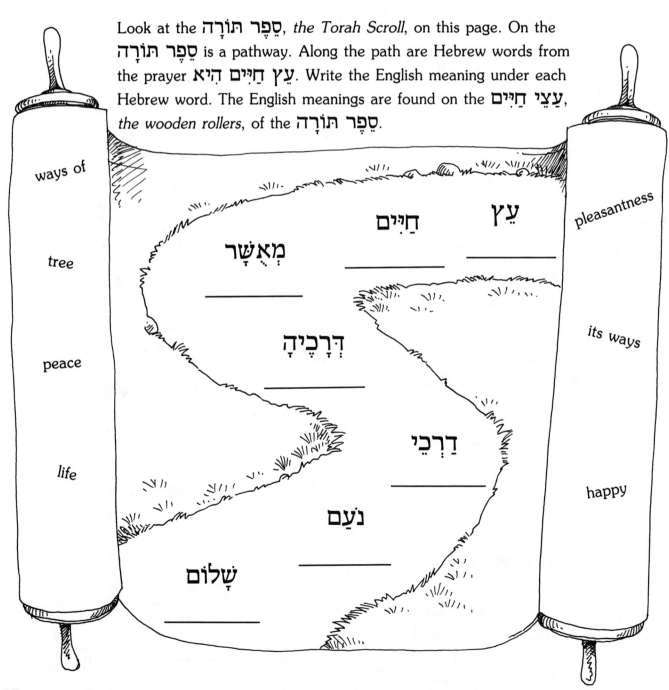

ways of
tree
peace
life
עֵץ
חַיִּים
מְאֻשָּׁר
דְּרָכֶיהָ
דַּרְכֵי
נֹעַם
שָׁלוֹם
pleasantness
its ways
happy

The World Stands on Three Things

In *Pirke Avot*, the Sayings of the Fathers, it is written that הָעוֹלָם, *the world*, stands on three things: on Torah, on worship, and on acts of lovingkindness.

Look at the drawing of the world on this page.

- Read the Hebrew phrase found on the world.
- Write the English meaning of the Hebrew phrase.
- Read the three Hebrew terms holding up the world.
- Write the English meaning at the bottom of the pillars.

עַל שְׁלשָׁה דְבָרִים הָעוֹלָם עוֹמֵד

גְּמִילוּת חֲסָדִים

הָעֲבוֹדָה

הַתּוֹרָה

PRAYER STUDY

The Hebrew phrases in the list below are in the order they appear in the prayer וְזֹאת הַתּוֹרָה. Read each phrase. Write the Hebrew word that matches its English meaning in the left-hand column.

Reading Rule
DOUBLE DUTY DOT

Sometimes the dot in שׁ or in שׂ serves two purposes. The dot שׁ identifies the letter שׁ and also serves as the vowel "O" for the letter that comes *before* the שׁ. The double-duty dot says "OSH" (מֹ שֶׁה = מֹשֶׁה).

________ Torah	וְזֹאת הַתּוֹרָה and this is the Torah
________ placed	אֲשֶׁר שָׂם מֹשֶׁה that Moses placed
________ Israel	לִפְנֵי בְּנֵי יִשְׂרָאֵל before the people of Israel
________ God	עַל פִּי יְיָ to fulfill the word of God
________ Moses	בְּיַד מֹשֶׁה through Moses

Rhythm Reading

Read each set of words below.

Select the word to complete the sentence. (Hint: The English meaning of the missing word is underlined.)

עַל __________ דְּבָרִים הָעוֹלָם עוֹמֵד.

The world stands on <u>three</u> things.

1	מֹ שֶׁה מֹשֶׁה	חֹ שֶׁךְ חֹשֶׁךְ	עֹ שֶׁר עֹשֶׁר
2	קֹ דֶשׁ קֹדֶשׁ	לִלְ בֹּשׁ לִלְבֹּשׁ	לִפְ רֹשׁ לִפְרֹשׁ
3	נְ חֹשֶׁת נְחֹשֶׁת	שְׁ לֹשָׁה שְׁלֹשָׁה	קְ דֹשִׁים קְדֹשִׁים

The dot שׂ identifies the letter שׂ and sometimes also serves as the vowel "O" for the letter שׂ. The double-duty dot says "SO" (חָ שׂ ף = חָשׂף).

Rhythm Reading

Read each set of words .

1 שֹׁ רֵק שֹׁרֵק   שֹׁ רֵף שֹׁרֵף   שֹׁ בֵר שֹׁבֵר

2 נָ שֹׂא נָשֹׂא   שָׁ שֹׁן שָׁשֹׁן   חָ שֹׁף חָשֹׁף

3 לָ שֹׁ בַע לָשֹׁבַע   שֹׁטְ נַי שֹׁטְנַי   וַיֶּ חֱ שֹׁף וַיֶּחֱשֹׁף

Siddur Phrases

Find and read the word in each phrase with a double-duty dot.

If the dot says “OSH,” write “OSH” on the line next to the number.

If the dot says “SO,” write “SO” on the line next to the number.

Read each complete phrase aloud.

______ 1 בְּיַד מֹשֶׁה

______ 2 יוֹצֵר אוֹר וּבוֹרֵא חֹשֶׁךְ׃

______ 3 אָחַז יֹשְׁבֵי פְּלָשֶׁת

______ 4 וְיֶּחֱשֹׂף יְעָרוֹת

______ 5 לְשֹׂבַע וְלֹא לְרָזוֹן

______ 6 וְשֹׂנְאֵי צַדִּיק יֶאְשָׁמוּ׃

______ 7 וּבְמֹשֶׁה עַבְדּוֹ

______ 8 כִּי לֹא־יִטֹּשׁ ה׳ אֶת־עַמּוֹ

The Haftarah Blessings
בִּרְכוֹת הַהַפְטָרָה

You have now read the בְּרָכָה recited before the reading of the Haftarah as well as the first and second בְּרָכוֹת which follow the reading of the Haftarah. The theme of the third בְּרָכָה is our hope for the return of Elijah and the coming of the Messiah. The theme of the fourth בְּרָכָה is thankfulness for the Torah, for worship, for the Prophets, and for Shabbat.

The Third Blessing

1 שַׂמְּחֵנוּ יְיָ אֱלֹהֵינוּ בְּאֵלִיָּהוּ הַנָּבִיא עַבְדֶּךָ

2 וּבְמַלְכוּת בֵּית דָּוִד מְשִׁיחֶךָ. בִּמְהֵרָה יָבֹא וְיָגֵל

3 לִבֵּנוּ, עַל כִּסְאוֹ לֹא יֵשֵׁב זָר וְלֹא יִנְחֲלוּ עוֹד

4 אֲחֵרִים אֶת־כְּבוֹדוֹ, כִּי בְשֵׁם קָדְשְׁךָ נִשְׁבַּעְתָּ לּוֹ

5 שֶׁלֹּא יִכְבֶּה נֵרוֹ לְעוֹלָם וָעֶד. בָּרוּךְ אַתָּה יְיָ

6 מָגֵן דָּוִד.

The Fourth Blessing

1 עַל הַתּוֹרָה וְעַל הָעֲבוֹדָה וְעַל הַנְּבִיאִים וְעַל יוֹם

2 הַשַׁבָּת הַזֶּה שֶׁנָּתַתָּ לָּנוּ יְיָ אֱלֹהֵינוּ לִקְדֻשָּׁה

3 וְלִמְנוּחָה לְכָבוֹד וּלְתִפְאָרֶת. עַל הַכֹּל יְיָ אֱלֹהֵינוּ

4 אֲנַחְנוּ מוֹדִים לָךְ וּמְבָרְכִים אוֹתָךְ. יִתְבָּרַךְ שִׁמְךָ

5 בְּפִי כָּל־חַי תָּמִיד לְעוֹלָם וָעֶד. בָּרוּךְ אַתָּה יְיָ

6 מְקַדֵּשׁ הַשַׁבָּת.

Lesson 7

עָלֵינוּ

The prayer עָלֵינוּ is part of the concluding section of every service.

Below are the English meanings of phrases we read in עָלֵינוּ. Next to the English phrases are matching incomplete Hebrew phrases. Use the Hebrew words in the box to complete the Hebrew phrases. Hint: The matching English words have a line under them! Practice reading the completed Hebrew phrases.

יִהְיֶה	מֶלֶךְ מַלְכֵי הַמְּלָכִים	עָלֵינוּ	אֶחָד	וַאֲנַחְנוּ
הָאָרֶץ	לְשַׁבֵּחַ	בָּרוּךְ	וּמוֹדִים	בַּיּוֹם הַהוּא

It is our duty to praise the God of all — ________ ________ לַאֲדוֹן הַכֹּל

And we bend the knee, and bow and thank — ________ כּוֹרְעִים וּמִשְׁתַּחֲוִים ________

Before the Ruler of rulers — לִפְנֵי ________ ________ ________

The Holy One who is blessed — הַקָּדוֹשׁ ________ הוּא

God will rule the land — וְהָיָה יְיָ לְמֶלֶךְ עַל כָּל ________

On that day — ________ ________

God will be one — ________ יְיָ אֶחָד

God's name will be one — וּשְׁמוֹ ________

Reading Rule
ENDING WITH "ACH"

The vowel sound (ַ) is read *first* when חַ comes at the *end* of a word (ACH).

רוּחַ כֹּחַ לְשַׁבֵּחַ

Select the correct word above to complete this phrase from עָלֵינוּ.

עָלֵינוּ ________ לַאֲדוֹן הַכֹּל

It is our duty to praise the God of all.

READING FACT!

When חַ comes at the end of a word, the accent is placed on the letter-vowel combination that comes before it (לְ שַׁ בֵּ חַ).

WORD BUILDING

Read the word-parts correctly. Then read the whole word. Be careful at the end!

1 שׁוֹלֵ חַ שׁוֹלֵחַ

2 לְשַׁבֵּ חַ לְשַׁבֵּחַ

3 מָשִׁי חַ מָשִׁיחַ

4 פּוֹתֵ חַ פּוֹתֵחַ

5 יִפָּתֵ חַ יִפָּתֵחַ

6 לְהָנִי חַ לְהָנִיחַ

7 סוֹלֵ חַ סוֹלֵחַ

8 מְשַׂמֵּ חַ מְשַׂמֵּחַ

9 וּמַצְמִי חַ וּמַצְמִיחַ

A HOLIDAY CONNECTION

When we celebrate Ḥanukkah, we sing the song מָעוֹז צוּר. Many words in the song have the חַ ending. Practice reading these words. Remember the correct accent!

לְשַׁבֵּחַ   נְזַבֵּחַ   מַטְבֵּחַ   הַמְנַבֵּחַ   הַמִּזְבֵּחַ

Now practice reading מָעוֹז צוּר.

1 מָעוֹז צוּר יְשׁוּעָתִי
2 לְךָ נָאֶה לְשַׁבֵּחַ
3 תִּכּוֹן בֵּית תְּפִלָּתִי
4 וְשָׁם תּוֹדָה נְזַבֵּחַ
5 לְעֵת תָּכִין מַטְבֵּחַ
6 מִצָּר הַמְנַבֵּחַ
7 אָז אֶגְמוֹר בְּשִׁיר מִזְמוֹר
8 חֲנֻכַּת הַמִּזְבֵּחַ

Can you sing מָעוֹז צוּר?

RECOGNIZING THE ROOT

Words meaning "king" or "ruler" usually contain the root (מלכ).
Words growing from the root (מלכ) often refer to God's kingdom.
Each Siddur phrase below has more than one word built on the root (מלכ). Read each word that contains this root. Read each complete phrase.

1 מַלְכוּתְךָ מַלְכוּת כָּל עוֹלָמִים

2 לִפְנֵי מֶלֶךְ מַלְכֵי הַמְּלָכִים

3 יְיָ מֶלֶךְ יְיָ מָלָךְ יְיָ יִמְלֹךְ לְעוֹלָם וָעֶד

4 מַלְכֵּנוּ מֶלֶךְ אֲבוֹתֵינוּ גֹּאֲלֵנוּ גֹּאֵל אֲבוֹתֵינוּ

5 וִיקַבְּלוּ כֻלָּם אֶת עֹל מַלְכוּתֶךָ וְתִמְלֹךְ עֲלֵיהֶם מְהֵרָה לְעוֹלָם וָעֶד

UNTANGLE THE ROOTS

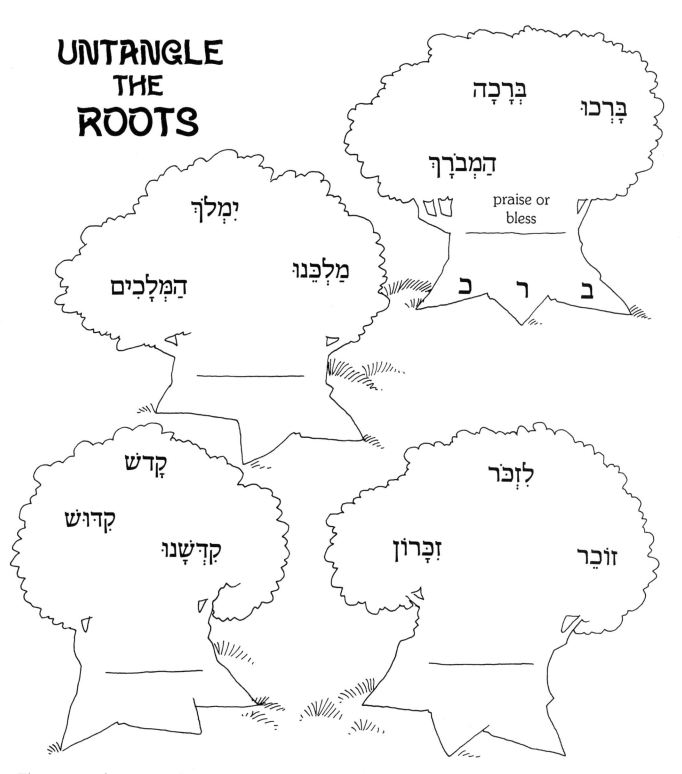

בְּרָכָה
בָּרְכוּ
הַמְבֹרָךְ
praise or bless
ב ר כ
יִמְלֹךְ
מַלְכֵּנוּ
הַמְּלָכִים
קָדֹשׁ
קִדּוּשׁ
קִדְּשָׁנוּ
לִזְכֹּר
זִכָּרוֹן
זוֹכֵר

These special trees need strong roots to grow. Right now the roots are tangled. The words growing on each tree share a common root. Read the words and write the three root letters inside the roots of the tree. Then write the English meaning of the root on the tree trunk. The first one has been done for you.

עָלֵינוּ

The prayer עָלֵינוּ has two themes. The first speaks of our allegiance to God *"who is in the heavens above and on earth below."*

הוּא הָאֱלֹהִים בַּשָּׁמַיִם מִמַּעַל וְעַל הָאָרֶץ מִתָּחַת

The second speaks of the day all people on earth will unite in allegiance to God: *"On that day God will be One and God's name will be One."*

בַּיּוֹם הַהוּא יִהְיֶה יְיָ אֶחָד וּשְׁמוֹ אֶחָד

The following is the section of the prayer that contains the first theme of עָלֵינוּ.

How many times do you read the words meaning *heaven* (שָׁמַיִם) and *earth* (אָרֶץ)?

1 שֶׁהוּא נוֹטֶה שָׁמַיִם וְיוֹסֵד אָרֶץ,

2 וּמוֹשַׁב יְקָרוֹ בַּשָּׁמַיִם מִמַּעַל,

3 וּשְׁכִינַת עֻזּוֹ בְּגָבְהֵי מְרוֹמִים. הוּא אֱלֹהֵינוּ,

4 אֵין עוֹד; אֱמֶת מַלְכֵּנוּ, אֶפֶס זוּלָתוֹ,

5 כַּכָּתוּב בְּתוֹרָתוֹ:

6 "וְיָדַעְתָּ הַיּוֹם וַהֲשֵׁבֹתָ אֶל-לְבָבֶךָ,

7 כִּי יְיָ הוּא הָאֱלֹהִים בַּשָּׁמַיִם מִמַּעַל

8 וְעַל-הָאָרֶץ מִתָּחַת, אֵין עוֹד."

Lesson 8

קַדִּישׁ

The Mourner's Kaddish, קַדִּישׁ יָתוֹם, is recited in memory of loved ones who have died.
The קַדִּישׁ is written mostly in Aramaic. Below are words from the קַדִּישׁ written on a wall of remembrance. Using the English words at the bottom of the page, write the English word below the matching Aramaic word. (Hint: Look for prefixes and roots you know to make a match!)

שְׁלָמָא	קַדִּישׁ	וּבְחַיֵּי	מַלְכוּתֵהּ
________	________	________	________
יִתְגַּדַּל	בִּרְכָתָא	לְעָלַם	וְיַמְלִיךְ
________	________	________	________
	וְיִשְׁתַּבַּח	בְּעָלְמָא	בְּרִיךְ
	________	________	________
	שְׁמֵהּ	וְיִתְקַדַּשׁ	
	________	________	

forever   blessings   peace   holy   in the world

(God's) name   will be great   kingdom   blessed

and in the life of   and will be praised   and will be holy

and will rule

Patterns

Many words in the קַדִּישׁ begin with the prefix וְיִתְ.
Read aloud each of the word-parts below. Add the prefix וְיִתְ to complete each word.
Then read each whole word.

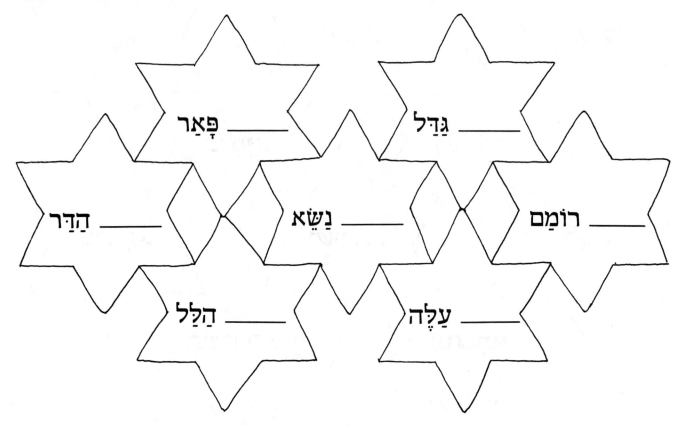

פָּאַר ______
גַּדַּל ______
הַדַּר ______
נַשֵּׂא ______
רוֹמַם ______
הַלַּל ______
עַלֶּה ______

Now read aloud this complete sentence from the קַדִּישׁ.
Look for all the words beginning with וְיִתְ.

יִתְבָּרַךְ וְיִשְׁתַּבַּח וְיִתְפָּאַר וְיִתְרוֹמַם וְיִתְנַשֵּׂא וְיִתְהַדַּר וְיִתְעַלֶּה וְיִתְהַלַּל

שְׁמֵהּ דְּקֻדְשָׁא, בְּרִיךְ הוּא.

Blessed, praised, glorified, exalted, extolled, honored, magnified, and adored be the name of the Holy One blessed is God.

More Patterns

Many words in the קַדִּישׁ conclude אָ.
Read aloud these sound-alike word patterns.

רַבָּא

דִּיבְרָא

בַּעֲגָלָא

עָלְמַיָּא

דְּקֻדְשָׁא

בִּרְכָתָא

וְשִׁירָתָא

לְעֵלָּא

תֻּשְׁבְּחָתָא

וְנֶחֱמָתָא

בְּעָלְמָא

שְׁלָמָא

שְׁמַיָּא

Read aloud the sentence below. Look for each word ending אָ.

לְעֵלָּא מִן כָּל בִּרְכָתָא וְשִׁירָתָא תֻּשְׁבְּחָתָא וְנֶחֱמָתָא דַּאֲמִירָן בְּעָלְמָא,
וְאִמְרוּ אָמֵן.

God is beyond all the blessings, songs, adorations (praises) and consolations that are spoken in the world, and say, Amen.

Prayer for PEACE

The Aramaic section of the קַדִּישׁ concludes with a prayer for peace (lines 10-11 in your textbook).

The last sentence of the קַדִּישׁ is recited in Hebrew.

This too is a prayer for peace (lines 12-13 in your textbook).

Both sentences are found below. Compare the words and phrases.

Circle the Aramaic word meaning *peace*. Circle the Hebrew word meaning *peace*.

What is the root of each word? ____ ____ ____

Which part of each prayer is exactly the same?

Aramaic

יְהֵא שְׁלָמָא רַבָּא מִן שְׁמַיָּא וְחַיִּים עָלֵינוּ וְעַל כָּל יִשְׂרָאֵל, וְאִמְרוּ אָמֵן.

May there be great peace from heaven and life for us and for all Israel, and say Amen.

Hebrew

עֹשֶׂה שָׁלוֹם בִּמְרוֹמָיו הוּא יַעֲשֶׂה שָׁלוֹם עָלֵינוּ וְעַל־כָּל־יִשְׂרָאֵל,

וְאִמְרוּ אָמֵן.

God who makes peace in the heavens will make peace for us and for all Israel, and say Amen.

Language Challenge

Recite the prayer for peace in both languages without a mistake!

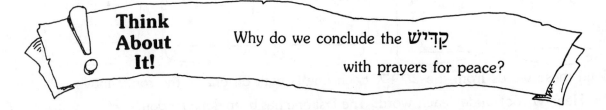

Think About It!

Why do we conclude the קַדִּישׁ with prayers for peace?

Taking Root

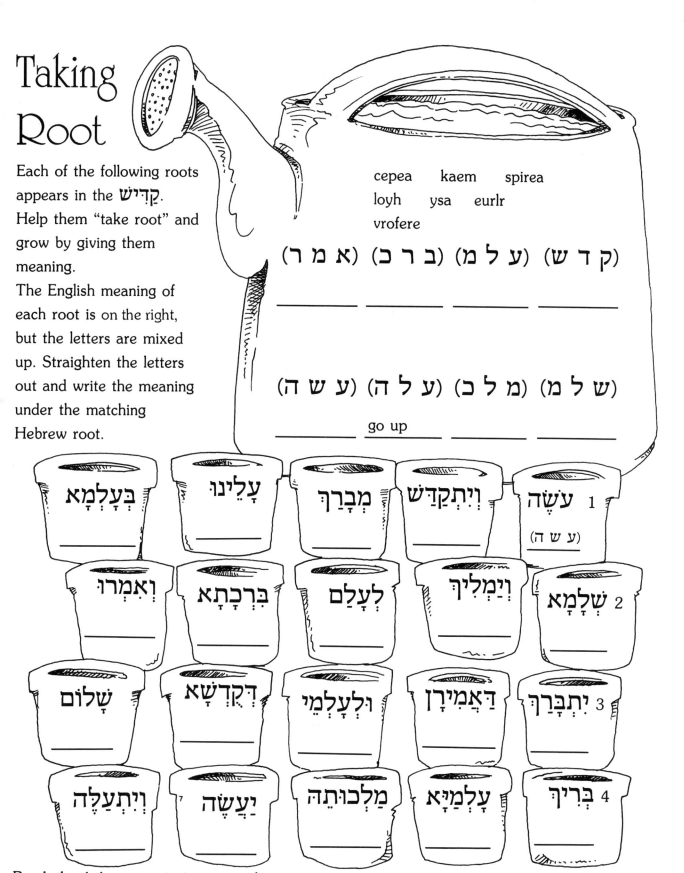

Each of the following roots appears in the קַדִּישׁ. Help them "take root" and grow by giving them meaning.

The English meaning of each root is on the right, but the letters are mixed up. Straighten the letters out and write the meaning under the matching Hebrew root.

cepea kaem spirea
loyh ysa eurlr
vrofere
(ק ד ש) (ע ל מ) (ב ר כ) (א מ ר)
(ש ל מ) (מ ל כ) (ע ל ה) (ע ש ה)
go up
1 עֹשֶׂה
(ע ש ה)
וְיִתְקַדַּשׁ
מְבָרַךְ
עָלֵינוּ
בְּעָלְמָא
2 שְׁלָמָא
וְיַמְלִיךְ
לְעָלַם
בִּרְכָתָא
וְאִמְרוּ
3 יִתְבָּרַךְ
דַּאֲמִירָן
וּלְעָלְמֵי
דְּקֻדְשָׁא
שָׁלוֹם
4 בְּרִיךְ
עָלְמַיָּא
מַלְכוּתֵהּ
יַעֲשֶׂה
וְיִתְעַלֶּה

Read aloud these words from the קַדִּישׁ. Each one is built on one of the roots above. Write the Hebrew root under each word. The first one has been done for you.

1 יִתְגַּדַּל וְיִתְקַדַּשׁ שְׁמֵהּ רַבָּא
2 וְיַמְלִיךְ מַלְכוּתֵהּ
3 יְהֵא שְׁמֵהּ רַבָּא מְבָרַךְ
4 לְעָלַם וּלְעָלְמֵי עָלְמַיָּא
5 יִתְבָּרַךְ וְיִשְׁתַּבַּח וְיִתְפָּאַר
6 וְיִתְהַלַּל שְׁמֵהּ דְּקֻדְשָׁא
7 לְעֵלָּא מִן כָּל
בִּרְכָתָא וְשִׁירָתָא
8 דַּאֲמִירָן בְּעָלְמָא וְאִמְרוּ אָמֵן
9 וְחַיִּים עָלֵינוּ וְעַל כָּל יִשְׂרָאֵל
10 עוֹשֶׂה שָׁלוֹם בִּמְרוֹמָיו

Phrases from the קַדִּישׁ

Read the words above built on roots you recognize. Then read aloud each complete phrase.

Word Watch

When you read a prayer, always look for words that are repeated in the prayer. This helps to develop fluent reading skills. Many words, or forms of words, appear more than once in the קַדִּישׁ. Read the word in each box. Then watch for the words to be repeated in the phrases which follow. Practice reading each phrase aloud.

שְׁמֵהּ

1 יִתְגַּדַּל וְיִתְקַדַּשׁ שְׁמֵהּ רַבָּא

2 יְהֵא שְׁמֵהּ רַבָּא מְבָרַךְ

3 וְיִתְהַלַּל שְׁמֵהּ דְּקֻדְשָׁא

בְּרִיךְ הוּא

אָמֵן

4 וּבִזְמַן קָרִיב וְאִמְרוּ אָמֵן

5 דַּאֲמִירָן בְּעָלְמָא וְאִמְרוּ אָמֵן

6 עָלֵינוּ וְעַל כָּל יִשְׂרָאֵל

וְאִמְרוּ אָמֵן

בְּעָלְמָא

7 בְּעָלְמָא דִּי בְרָא כִרְעוּתֵהּ

8 דַּאֲמִירָן בְּעָלְמָא וְאִמְרוּ אָמֵן

שָׁלוֹם

9 יְהֵא שְׁלָמָא רַבָּא מִן שְׁמַיָּא

10 עוֹשֶׂה שָׁלוֹם בִּמְרוֹמָיו

11 הוּא יַעֲשֶׂה שָׁלוֹם

חַי

12 בְּחַיֵּיכוֹן וּבְיוֹמֵיכוֹן וּבְחַיֵּי
דְכָל בֵּית יִשְׂרָאֵל
13 וְחַיִּים עָלֵינוּ וְעַל כָּל יִשְׂרָאֵל

מִן

14 לְעֵלָּא מִן כָּל בִּרְכָתָא
וְשִׁירָתָא
15 יְהֵא שְׁלָמָא רַבָּא מִן שְׁמַיָּא

רַבָּא

16 יִתְגַּדַּל וְיִתְקַדַּשׁ שְׁמֵהּ רַבָּא
17 יְהֵא שְׁמֵהּ רַבָּא מְבָרַךְ
18 יְהֵא שְׁלָמָא רַבָּא מִן שְׁמַיָּא

יִשְׂרָאֵל

19 וּבְחַיֵּי דְכָל בֵּית יִשְׂרָאֵל
20 וְעַל כָּל יִשְׂרָאֵל

The Shabbat Morning Blessing
קְדוּשָׁה

The Third Blessing

The קְדוּשָׁה is a blessing which praises God's holiness. The קְדוּשָׁה, like the קַדִּישׁ, is recited when a community of at least ten Jewish adults, a *minyan*, gathers for prayer. Here are selections from the קְדוּשָׁה. Practice reading them. Look for all the words in the קְדוּשָׁה built on the root (ק ד שׁ).

1 נְקַדֵּשׁ אֶת־שִׁמְךָ בָּעוֹלָם, כְּשֵׁם שֶׁמַּקְדִּישִׁים אוֹתוֹ

2 בִּשְׁמֵי מָרוֹם, כַּכָּתוּב עַל יַד נְבִיאֶךָ, וְקָרָא זֶה

3 אֶל זֶה וְאָמַר:

4 קָדוֹשׁ קָדוֹשׁ קָדוֹשׁ יְיָ צְבָאוֹת,

5 מְלֹא כָל־הָאָרֶץ כְּבוֹדוֹ.

6 בָּרוּךְ כְּבוֹד יְיָ מִמְּקוֹמוֹ

7 יִמְלֹךְ יְיָ לְעוֹלָם, אֱלֹהַיִךְ צִיּוֹן לְדֹר וָדֹר, הַלְלוּיָהּ.

8 לְדוֹר וָדוֹר נַגִּיד גָּדְלֶךָ, וּלְנֵצַח נְצָחִים קְדֻשָׁתְךָ

9 נַקְדִּישׁ. וְשִׁבְחֲךָ אֱלֹהֵינוּ מִפִּינוּ לֹא יָמוּשׁ

10 לְעוֹלָם וָעֶד, כִּי אֵל מֶלֶךְ גָּדוֹל וְקָדוֹשׁ אָתָּה.

11 בָּרוּךְ אַתָּה, יְיָ, הָאֵל הַקָּדוֹשׁ.

Lesson 9

אֵין כֵּאלֹהֵינוּ

The Jewish people have been singing the prayer אֵין כֵּאלֹהֵינוּ for more than 1,000 years. The message of אֵין כֵּאלֹהֵינוּ – *There is None Like Our God* – is repeated throughout the song. The prayer describes our different relationships with God: God is our Sovereign; God is our Ruler; God is our Savior. Below is each key Hebrew term. Write the English meaning below each one.

אֱלֹהֵינוּ	אֲדוֹנֵינוּ	מַלְכֵּנוּ	מוֹשִׁיעֵנוּ
______	______	______	______

Memory Challenge

The verses of אֵין כֵּאלֹהֵינוּ are out of order.

Put a number in each circle to show the correct order of the prayer. The first one has been done for you.

בָּרוּךְ אֱלֹהֵינוּ, בָּרוּךְ אֲדוֹנֵינוּ,
בָּרוּךְ מַלְכֵּנוּ, בָּרוּךְ מוֹשִׁיעֵנוּ.

אֵין כֵּאלֹהֵינוּ, אֵין כַּאדוֹנֵינוּ,
אֵין כְּמַלְכֵּנוּ, אֵין כְּמוֹשִׁיעֵנוּ. ①

מִי כֵאלֹהֵינוּ, מִי כַאדוֹנֵינוּ,
מִי כְמַלְכֵּנוּ, מִי כְמוֹשִׁיעֵנוּ.

אַתָּה הוּא אֱלֹהֵינוּ, אַתָּה הוּא אֲדוֹנֵינוּ,
אַתָּה הוּא מַלְכֵּנוּ, אַתָּה הוּא מוֹשִׁיעֵנוּ.

נוֹדֶה לֵאלֹהֵינוּ, נוֹדֶה לַאדוֹנֵינוּ,
נוֹדֶה לְמַלְכֵּנוּ, נוֹדֶה לְמוֹשִׁיעֵנוּ.

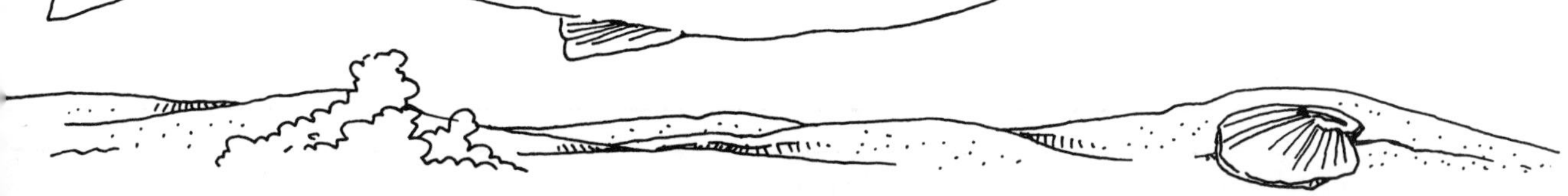

58

Reading Challenge

Recite אֵין כֵּאלֹהֵינוּ without a mistake!

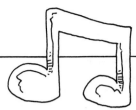

Singing Challenge

Sing אֵין כֵּאלֹהֵינוּ as you would at the conclusion of the Shabbat Morning Service!

Religious Poetry

אֵין כֵּאלֹהֵינוּ is a *piyyut* – a religious poem. Many *piyyutim* are found throughout our prayer service. *Piyyutim* are distinguished by their form: rhyme, rhythm, and acrostic lettering. אֵל אָדוֹן and אַשְׁרֵי are aleph-bet acrostics – each phrase or sentence begins with the next letter of the Hebrew alphabet. The prayer לְכָה דוֹדִי, which we sing when we welcome Shabbat during the Friday Night Service, is an acrostic spelling the author's name (שְׁלֹמֹה הַלֵּוִי). The acrostic in the prayer אֵין כֵּאלֹהֵינוּ spells the concluding word *Amen*.

Prayer Selections

Below are selections from the *piyyutim* we spoke about on the preceding page. Practice reading them. Look for the aleph-bet acrostic in אֵל אָדוֹן and אַשְׁרֵי. Then look for the letters spelling the author's name in לְכָה דוֹדִי.

אֵל אָדוֹן

1 אֵל אָדוֹן עַל כָּל הַמַּעֲשִׂים בָּרוּךְ וּמְבֹרָךְ בְּפִי כָּל נְשָׁמָה

2 גָּדְלוֹ וְטוּבוֹ מָלֵא עוֹלָם דַּעַת וּתְבוּנָה סוֹבְבִים אוֹתוֹ

אַשְׁרֵי

1 אֲרוֹמִמְךָ אֱלוֹהַי הַמֶּלֶךְ, וַאֲבָרְכָה שִׁמְךָ לְעוֹלָם וָעֶד

2 בְּכָל־יוֹם אֲבָרְכֶךָּ, וַאֲהַלְלָה שִׁמְךָ לְעוֹלָם וָעֶד

3 גָּדוֹל יְיָ וּמְהֻלָּל מְאֹד, וְלִגְדֻלָּתוֹ אֵין חֵקֶר

4 דּוֹר לְדוֹר יְשַׁבַּח מַעֲשֶׂיךָ, וּגְבוּרֹתֶיךָ יַגִּידוּ

לְכָה דוֹדִי

1 שָׁמוֹר וְזָכוֹר בְּדִבּוּר אֶחָד...

2 לִקְרַאת שַׁבָּת לְכוּ וְנֵלְכָה...

3 מִקְדַּשׁ מֶלֶךְ עִיר מְלוּכָה...

4 הִתְנַעֲרִי מֵעָפָר קוּמִי...

5 הִתְעוֹרְרִי הִתְעוֹרְרִי...

6 לֹא תֵבֹשִׁי וְלֹא תִכָּלְמִי...

7 וְהָיוּ לִמְשִׁסָּה שֹׁאסָיִךְ...

8 יָמִין וּשְׂמֹאל תִּפְרֹצִי...

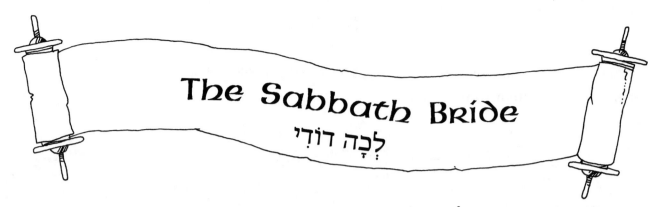

The Sabbath Bride
לְכָה דוֹדִי

In the *piyyut* below Shabbat is compared to a bride. לְכָה דוֹדִי was written in the 16th century by שְׁלֹמֹה הַלֵּוִי. Jewish mystics would dress in white robes and walk in procession to the hills chanting this song as they symbolically welcomed the Shabbat Bride back into their homes. The *piyyut* begins with this refrain which is repeated throughout the song.

לְכָה דוֹדִי לִקְרַאת כַּלָּה, פְּנֵי שַׁבָּת נְקַבְּלָה.

Come my beloved, the Bride to meet,
The holy Shabbat let us greet.

The song concludes with the following verses:

בּוֹאִי בְשָׁלוֹם עֲטֶרֶת בַּעְלָהּ. גַּם בְּשִׂמְחָה וּבְצָהֳלָה.

תּוֹךְ אֱמוּנֵי עַם סְגֻלָּה: בּוֹאִי כַלָּה בּוֹאִי כַלָּה:

Come in peace, crown of your husband, in joy and in gladness,
In the midst of the faithful of the chosen people.
Come, O Bride! Come, O Bride!

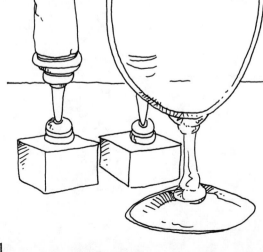

לְכָה דוֹדִי

Below are the opening verses of לְכָה דוֹדִי. Practice reading them. Look for the acrostic spelling of the author's first name.

1 שָׁמוֹר וְזָכוֹר בְּדִבּוּר אֶחָד. הִשְׁמִיעָנוּ אֵל הַמְיוּחָד.

2 יְיָ אֶחָד וּשְׁמוֹ אֶחָד. לְשֵׁם וּלְתִפְאֶרֶת וְלִתְהִלָּה:

3 לִקְרַאת שַׁבָּת לְכוּ וְנֵלְכָה. כִּי הִיא מְקוֹר הַבְּרָכָה.

4 מֵרֹאשׁ מִקֶּדֶם נְסוּכָה. סוֹף מַעֲשֶׂה בְּמַחֲשָׁבָה תְּחִלָּה:

5 מִקְדַּשׁ מֶלֶךְ עִיר מְלוּכָה. קוּמִי צְאִי מִתּוֹךְ הַהֲפֵכָה.

6 רַב לָךְ שֶׁבֶת בְּעֵמֶק הַבָּכָא. וְהוּא יַחֲמוֹל עָלַיִךְ חֶמְלָה:

7 הִתְנַעֲרִי, מֵעָפָר קוּמִי. לִבְשִׁי בִּגְדֵי תִפְאַרְתֵּךְ עַמִּי.

8 עַל־יַד בֶּן יִשַׁי בֵּית הַלַּחְמִי. קָרְבָה אֶל נַפְשִׁי גְאָלָהּ:

אָלֶף בֵּית

HEBREW ALPHABET

א	א	Silent
בּ	בּ	B
ב	ב	V
ג	ג	G
ד	ד	D
ה	ה	H
ו	ו	V
ז	ז	Z
ח	ח	Ḥ
ט	ט	T
י	י	Y
כּ	כּ	K
כ	כ	CH
ךְ	ךְ	Final CH
ל	ל	L
מ	מ	M
ם	ם	Final M
נ	נ	N
ן	ן	Final N
ס	ס	S
ע	ע	Silent
פּ	פּ	P
פ	פ	F
ף	ף	Final F
צ	צ	TS
ץ	ץ	Final TS
ק	ק	K
ר	ר	R
שׁ	שׁ	SH
שׂ	שׂ	S
תּ	תּ	T
ת	ת	T